프루스트 멜로디
Proust Melody

프루스트 멜로디
Proust Melody

: 열아홉 곡의 음악과 청춘의 조각들

글 서하 | 그림 누딸해

Alles gut!

일러두기

- 이 책에 실린 앨범 아트워크 드로잉은 원작 아트워크를 참고하여 제작된 창작물입니다. 원작 아트워크의 저작권은 해당 뮤지션과 제작자에게 있으며, 알레스굿은 원작에 대한 권리를 주장하지 않습니다.
- 음악 앨범은 《 》, 곡명과 영화는 〈 〉로 표시했습니다.
- 외래어 표기는 국립국어원 외래어표기법에 따랐으며, 관례로 굳어진 것과 일상에서 더 많이 쓰이는 경우는 예외로 두었습니다.

"Without music, life would be a mistake."
음악이 없다면, 인생은 한낱 실수일 뿐이다.

- 프리드리히 니체 Friedrich Nietzsche

작가 마르셀 프루스트의 소설,
『잃어버린 시간을 찾아서』에는
한 장면이 등장합니다.

홍차에 적신 마들렌을 한입 베어 물자,
주인공은 잊고 있던 어린 날의 기억이
눈앞에 선명히 되살아남을 느끼며
물씬 밀려오는 향수에 잠기죠.

당신에게도 그런 음악이 있나요?
첫 소절이 흘러나오면,
어떤 시절이나 순간으로
되돌아가게 만드는 음악 말이에요.

우리의 젊은 날은
어떤 노래로 기억될까요.

이 책은, 청춘을 불러내는
열아홉 곡에 대한 기록입니다.

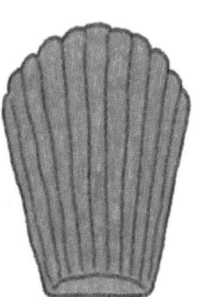

Prologue:
음악으로 새겨진 젊은 날의 초상

젊은 날에 좋아한 음악을 평생 듣게 된다는 이야기가 있다. 언젠가 아빠는 나에게 이런 말을 했다. 어른이 되면, 더는 새로운 음악을 찾아 듣지 않는 때가 온다고. 아빠 또한 그랬다고.

음악이 내 삶의 전부였던, 음악만이 나를 구원할 수 있으리라 믿었던 시절. 당시에는 아빠의 말이 잘 이해되지는 않았다. 모두가 그렇게 변한다 해도, 나만큼은 그렇지 않을 거라 굳게 믿었으니까. 아무리 세월이 흘러도 나는 지금처럼 매일 낯선 음악을 찾아 헤매며 탐험하는 일을 멈추지 않을 거라고.

이제서야 아빠의 말을 어렴풋이 헤아린다. 어느덧 서른에 가까워진 지금, 나는 여전히 음악을 사랑하지만 그때처럼 열정적으로 새로운 음악을 찾지는 않는다. 그럼에도 불구하고 지난 시간을 함께한 노래는 여전히 곁에 머물러 애틋한 추억을 생생하게 불러낸다.

좋아하는 이가 알려주었던 곡, 순수한 마음을 나눈 우정의 증표 같은 곡, 롤러코스터처럼 출렁이는 나날을 다독여준 곡까지. 즐거울 때나 괴로울 때나 음악은 항상 함께였다. 삶 전부를 빚지고 있다고 해도 과언이 아닌 노래들. 귓가에 익숙한 멜로디가 들려오면 아무리 빛바랜 기억일지라도, 그때의 공기까지 고스란히 되살아나 꿈결처럼 무한히 되풀이된다.

　사람의 몸에서 가장 변하지 않는 하나가 바로 목소리라고 한다. 세상이 더는 지금과 같지 않고, 젊은 날들이 다 지나가 버려도 영원토록 변하지 않을 그 목소리와 멜로디들. 호호 할머니가 되어서도 여전히 이 노래들을 듣는다고 하더라도, 아무렴 좋을 것 같다.

차례

Prologue: 음악으로 새겨진 젊은 날의 초상	18
2013년의 우리들	25
첫눈 오는 날	31
팻 메시니와 K	35
제시와 셀린과의 하루	41
보컬 데뷔 10분 전	47
두 명의 피아니스트	53
네가 있어 난 더블린에 왔어	59
평행 세계	67
영원한 졸업이란 게 있을까	71

어른아이	75
말 없는 고백	81
여름방학, 그 후	85
국경을 넘고 바다를 건너	89
그리고 베를린에서	93
한여름 밤의 꿈	97
열아홉의 너에게	103
레코드페어에서 만나	107
바나나 파운드가 식기 전에	113
슬픔이여, 안녕	117

Nineteen Songs from Proust Melody

<u>SIDE A</u>

1	2009년의 우리들 브로콜리너마저	(4:08)
2	Caroling Caroling Lisa Ono	(3:56)
3	So May It Secretly Begin Pat Metheny Group	(6:25)
4	Come Here Kath Bloom	(2:51)
5	오빠야 신현희와김루트	(3:35)
6	여대 앞에 사는 남자 윤석철트리오	(3:42)
7	South of the River Tom Misch	(4:30)
8	4:00A.M. Taeko Onuki	(5:37)
9	The Sound of Silence Simon & Garfunkel	(3:05)

SIDE B

10	새 김사월	(3:29)
11	Take Me Where Your Heart Is Q	(3:13)
12	Good Girls LANY	(4:09)
13	Mornings and Afternoons Erlend Øye, La Comitiva	(2:53)
14	Serenade for Strings in E Major Prague Chamber Orchestra	(7:13)
15	Key to Love (Is Understanding) Jonah Yano, BADBADNOTGOOD	(5:54)
16	스물아홉, 문득 3호선 버터플라이	(4:26)
17	스물다섯, 스물하나 자우림	(4:45)
18	Bossa Antigua Paul Desmond	(4:43)
19	Motion Sickness Phoebe Bridgers	(3:50)
	Total	(1:22:24)

Scan & Listen

브로콜리너마저
《보편적인 노래》(2008)

2009년의 우리들

TENDER

2013년의 우리들

어이없고 무모한 다짐을 했던 날도 있었다. 세상에 존재하는 음악을 한 곡도 빠짐없이 들어보겠다고. 무엇이든 다 할 수 있을 것만 같았던, 순진무구한 10대만이 가질 수 있는 패기였다.

    사춘기를 정면으로 통과하면서 음악에 탐닉하는 습관이 생겼다. 방과 후 대부분의 시간을 음원 사이트에서 신보를 둘러보는 데 쓰거나, 시험이 끝나면 아껴둔 용돈을 모아 음원 다운로드권을 구매했다. 어떤 곡을 받을지 몇 날 며칠을 고심하다가, 결연한 다짐을 마친 후에야 노래를 받곤 했다. 수고롭더라도 보석 같은 곡들을 발굴하는 기쁨에 중독됐다.

당시 나는 한국 인디 밴드에 꽂힌 상태였다. 느긋한 분위기와 내밀한 고민을 품은 솔직한 가사들. 담담히 노래하다가도 절망의 한가운데를 묵묵히 바라보고, 다시 툭툭 털고 일어서는 굳건함이 있었다. 특히 이름부터 범상치 않은 존재감을 지닌 밴드 브로콜리너마저의 1집 《보편적인 노래》를 귀가 닳도록 듣곤 했는데, 어리숙하고 풋풋한 목소리에서 끼쳐오는 청춘의 냄새는 소름이 돋을 만큼 좋았다.

음악 속을 홀로 떠돌다 2013년 봄, 같은 세계를 공유하는 친구를 만났다. 타고난 친화력으로 반 모든 아이들과 스스럼없이 지냈던 J. 어떻게 첫인사를 나누었는지는 모르겠다. 다만 서로의 MP3 플레이어를 구경하다가 "뭐야! 너도 브로콜리너마저 알아?"라는 말을 계기로 급속도로 가까워졌다. 놀랍게도 우리는 같은 인디 밴드들을 좋아하고 있었다.

그날 이후로 J와 나는 돈독한 음악 메이트가 되었다. 인생 첫 콘서트를 그녀와 함께하는 건 너무도 당연한 일이었다. 쌀쌀한 초봄의 야간 자율학습 시간, 우리는 밴드 루싸이트 토끼의 공연을 앞두고 선생님의 시선을 피해 팬레터를 썼다. 그 시절 우리에게 인디밴드는 아이돌이나 다름없었고, 노란색 사절지 위에 알록달록한 필기구로 앞장과 뒷장을 빼곡히 채워 진심을 눌러 담았다. 다음날, J와 나는 7교시 오후 수업을 마치자마자 공연장으로 번개처럼 달려갔다. 좋아하는 일이라면 버선발로 뛰어나가는 건 그때도 마찬가지였다.

난생처음 발 디딘, 삼삼오오 모여 놀러 나온 대학생들로 시끌벅적한 홍대. 휘둥그레진 눈으로 거리를 걸으며 어색하게 주변을 기웃거리다 지하 공연장으로 내려갔다. 현실감 없는 두 시간이 흘러갔고, 우리는 공연을 마친 그녀들에게 살며시 다가가 커다란 배낭에 돌돌 말아 담아온 편지를 건네고 함께 사진도 찍었다. 사진 속 J와 나는 긴장과 설렘으로 뒤섞인 떨떠름한 표정이었던 것 같다.

같은 해 여름에는 운이 좋게도 집 근처 미술관에서 주최하는 행사에서 브로콜리너마저의 무대까지 볼 수 있었다. 선선한 가을에는 같은 반 친구들을 데리고 인생 첫 음악 페스티벌에 방문했는데, 올림픽공원 곳곳에 붙어있는 공연 포스터를 겁도 없이 몰래 떼어서 집으로 가져오기도 했더랬다.

    무엇이 그토록 어린 우리를 열렬히 가슴 뛰게 했을까. 꾸밈없이 천진한 용기는 대체 어디에서 왔을까. 그 시절 우리가 사랑했던 밴드들의 이름을 다시 한번 불러본다. 브로콜리너마저, 루싸이트 토끼, 스웨덴세탁소, 랄라스윗, 디어클라우드…. 마음 전부를 다 주어도 아깝지 않았을 노래들은 여전히 한결같은 목소리로 2013년의 우리들을 불러낸다.

Lisa Ono
《Boas Festas》(2003)

Caroling Caroling

LOVE

첫눈 오는 날

새하얀 눈이 소복이 쌓인 놀이터에서 눈 뭉치를 굴려 눈사람을 만들던 나이까지는 겨울을 좋아했던 것 같다. 작고 사소한 기쁨만으로도 충분했던, 슬픔보다는 행복한 감정이 대부분이었던 유년 시기에는 겨울이 좋았다. 첫눈이 내린다는 건 곧 나의 생일도 가까워졌다는 뜻이었고, 생일이 지난 후에는 머지않아 크리스마스가 기다리고 있었으니까.

산타 할아버지가 더는 존재하지 않는다는 걸 깨달을 즈음부터였을까? 자신이 태어난 계절을 언제까지고 좋아하리라는 법은 없다. 언젠가부터 가을을 타게 되자 뒤이어 찾아오는 겨울의 그림자도 마냥 달갑지 않았다. 밤은 길고 더 깊어져만 가고, 영원히 푸르를듯한 이파리들이 낙하하며 소멸하는 광경이 미치도록 적막했다. 한 해를 마무리할 준비가 되지 않았으나 무엇 하나 손에 제대로 쥐지 못하고 떠나야 하는 기분이었다. 기온이 낮아지면 얼음처럼 꽝꽝 얼어붙는 손과 발도 성가셨다. 혹독한 추위를 피해 침잠하는 노래 속으로 파고들기를 반복했다. 그럼에도 봄은 온다는 뻔한 말을 되새기고, 겨울의 한가운데에서도 내 안에 잠들지 않는 영원한 여름을 보았다는 카뮈의 문장을 기억하려 애쓰며 더디게 흐르는 시간을 견뎠다.

우리가 처음으로 함께 맞이하는 겨울만큼은 예외였다. 잘 듣지도 않는 감미로운 사랑 노래를 부지런히 찾아 듣고, 낯간지러운 문장도 아무렇지 않게 쓰는 나의 모습이 영락없이 사랑에 빠진 사람 같아 실없이 웃음이 났다. 상처받고 싶지 않아 감정을 숨기고 도망치기 바빴던 나날을 뒤로한 채, 사랑하고 또 사랑받던 시간들.

그 계절을 꺼내보면 이런 장면들이 파노라

마처럼 재생된다. 을지로입구 지하철역 6번 출구 밖으로 나와 첫눈을 맞으며 발걸음 닿는 대로 걸었던 명동 거리, 차가운 공기 위로 퍼지는 입김과 황금빛 실타래를 두르고 겨울밤을 수놓듯 반짝반짝 빛나는 백화점 크리스마스 장식들, 코트 위 떨어진 눈송이를 가리키며 아이처럼 환하게 웃던 그의 얼굴과 차디찬 손을 꼭 잡아주던 큼직한 손, 버스가 눈앞에서 사라질 때까지 열심히 손을 흔들던 모습까지. 언제까지고 애틋하게 기억될 그런 순간들이다.

그즈음 곁에 두고 자주 들었던 리사 오노의 크리스마스 캐럴. 사박사박 눈을 밟는 듯한 드럼 소리 위로 그녀의 가녀린 목소리가 포개지면, 12월의 명동 거리가 눈앞에서 생생히 되살아난다.

Pat Metheny Group
《Still Life (Talking)》(1987)

So May It Secretly Begin

LOVE

팻 메시니와 K

그렇게 좋아하는 아티스트는 아니었다. 정확히 말하면 잘 모르는 것에 가까웠다. 기억도 희미할 만큼 아주 오래전 들어보고는, 난해하다고 느껴져 내 취향은 아니라고 단정 지었기 때문이다. 평소 재즈를 좋아하기에 이후에도 몇 번 더 시도해 봤지만 도무지 가까워지기 어려웠다. 적어도 K를 만나기 전까지는, 그랬다.

    K는 팻 메시니를 좋아했다. 우리가 처음 보던 날, 그는 몇 달 전 팻 메시니의 내한 공연을 다녀왔다고 들뜬 목소리로 말했다. 자기가 가장 좋아하는 아티스트라며. K는 우리가 조금만 더 일찍 만났더라면 함께 다녀올 수도 있었을 텐데, 하면서 아쉬워했다. 그를 따라 팻 메시니

의 곡을 듣기 시작했다. 그가 듣는 음악을 좋아하게 되면 그를 더 이해할 수 있을 것 같아서.

여느 때와 다름없이 열띠게 음악 이야기를 하던 중, K에게 팻 메시니 앨범 중 가장 추천하고 싶은 앨범이 무엇이냐고 물었다. 그는 잠시 고민하더니 〈Still Life〉라는 앨범을 꼽으며, 가만히 듣다 보면 신기하게도 어딘가로 여행하는 기분이 든다고 했다. 너도 여행 좋아하니까 분명 좋아할 거라는 그의 말에 점차 호기심이 일었다.

당시 나는 휘몰아치는 소용돌이 속에서 길을 잃고 휘청거렸다. 어렵사리 이직한 회사는 안팎으로 시끄러웠고, 적막한 긴장감 사이에서 외줄타기하는 날들의 연속이었다. 사회 초년생 티를 벗지 못한, 순진한 내가 겪기에는 버거운 사건이 하루에도 몇 번씩 일어났다.

그럼에도 웃음을 잃지 않을 수 있었던 건, 곁에 K가 있었기 때문이었다. 그는 마치 한 자리를 수백 년간 우직하게 지키는 커다란 은행나무 같았다. 걱정을 안고 사는 나와 달리 마치 이번 생이 처음이 아닌 듯, 세상만사를 대하는 초연함을 지녔다고 해야 할까. 어떤 이야기를 다 털어놓아도 괜찮을 것만 같은 사람. 그래서 그를 더 좋아했는지도 모르겠다.

음악을 듣느라 늦은 새벽에서야 잠드는 일이 잦아졌다. 서랍을 열어 오래도록 손길이 닿지 않은 빨간색 헤드폰도 다시 꺼냈다. 침대맡에는 은은한 불빛을 켜둔 채 눈을 감고 그가 알려준 곡을 찬찬히 헤아려보고, 문득 그의 얼굴을 고요히 그려보다 까무룩 잠에 들곤 했다.

팻 메시니의 음악도 그렇게 찾아왔다. 과거에는 그저 스쳐 지나가던 노래가 다시금 낯설고도 새롭게 들려왔다. 잔잔한 파동을 그리며 부드럽지만 선명하게 마음을 두드렸다. 변화무쌍하게 변주되고 반복되며 앞을 향해 끊임없이 나아가는 박자와 리듬, 멜로디와 허밍들…. 이해할 시간조차 주지 않고 순식간에 흘러가는 풍경이 꼭 한 치 앞도 예상할 수 없는 인생과도 닮아있었다.

K의 차를 타고 집으로 돌아오던 일요일 저녁. 요즘 그가 알려준 팻 메시니 앨범에 푹 빠져 있다고 말을 건넸다. 소란스러운 마음을 달래

는데 큰 위로가 된다며, 출퇴근길에 자주 듣다 보니 이제는 악보 없이 피아노로도 칠 수 있을 것 같다는 말에 그는 누구보다 기뻐했다.

"언제부터 팻 메시니를 듣게 됐어?"
"나도 지금 딱 네 나이 무렵이었던 것 같아. 스물여덟, 아홉. 20대 후반쯤."
"신기하네. 이렇게나 좋은데 왜 이제서야 제대로 들리게 되었을까?"
"팻 메시니 노래가, 삶의 풍파를 겪고 나서야 들리는 게 아닐까? 마냥 어린 시절에는 다 이해하지 못하다가, 인생의 쓴맛도 보고, 절망도 하고 또 실패도 겪어보고…그런 이후에야 비로소 들리게 되는 거지."

K는 앨범의 두 번째 트랙을 제일 좋아한다고 했고, 말이 나온 김에 그의 휴대전화로 곡을 재생했다. 조심스럽고 은밀하게 서서히 깨어나는 도입부. 우리는 선율을 따라 콧노래를 흥얼거리며 한적한 밤거리를 시원하게 가로질렀다. 어둠이 내려앉은 어슴푸레한 공기 사이로 잔향처럼 번져가는 기타 소리. 어느덧 내릴

시간이 가까워져 왔지만, 그는 앨범 전곡을 다 듣고 가자며 물었고 나는 조용히 고개를 끄덕였다.

시간이 얼마나 흘렀을까. 해는 이미 저물었다. 연극의 막이 내리듯 음악도 끝이 났고, 여운 탓인지 우리는 한동안 말이 없었다. K는 차에서 내려 나의 손을 잡고 집 앞까지 바래다주었다. 그와 더 오랫동안 걷고 싶어서 일부러 먼 길로 돌아갔지만 티를 내지는 않았다. 다 도착해서도, 헤어지고 싶지 않은 아쉬운 마음에 그를 와락 껴안았다. 그러고는 한 번으로도 모자라, 다시 뒤를 돌아 그의 품에 꼭 안겼다. K는 쑥스러운 듯 그저 웃기만 했다.

언제나 속을 알 수 없이 비밀스러웠던 사람. 더 이상 그와 함께 노래를 들을 수는 없지만, 여전히 팻 메스니의 음악을 듣는다. 누군가 그의 음악 중 어떤 곡을 가장 좋아하냐고 내게 묻는다면, 망설임 없이 〈So May It Secretly Begin〉이라고 답할 것이다. K가 그랬던 것처럼.

Kath Bloom
《Finally》(2006)

Come Here

YOUNG

제시와 셀린과의 하루

단 하나의 로맨스 영화를 꼽아야 한다면 망설임 없이 대답할 수 있다. 리처드 링클레이터 감독의 〈비포 선라이즈〉다. 막 수능이 끝난 고등학생들은 무한하게 남아도는 시간을 어떻게 써야 할지 깊은 고민에 빠지는데, 나의 선택은 보고 싶었던 영화를 원 없이 보는 것이었다. 공부한다는 핑계로 아껴둔 영화를 노트에 쭉 나열해 체크리스트를 만든 뒤, 하나씩 차근차근 지워나갔다.

영화는 기차에서 우연히 만난 제시와 셀린이 비엔나에서 보낸 하루를 담았다. 먼 이국의 땅, 유럽 오스트리아. 지구 반대편에서 전개되는 꿈결 같은 사랑은 어린 나를 매혹하기 충분했다. 경쾌한 발걸음을 따라 양옆으로 펼쳐지는 낭만적인 경관과 불쑥불쑥 들리는 독일어에, 눈부실 만큼 빛나는 두 사람의 젊음에 매료됐다. 그들처럼 나도 비엔나와 사랑에 빠졌다. 유럽에 대한 아득한 동경도 아마 그때부터 시작되었던 것 같다.

스물두 살의 봄, 그렇게 독일로 교환학생을 떠났다. 정신없이 한 학기를 마친 후에는 제시와 셀린처럼 비엔나로 향하는 기차에 올라탔다. 문화예술의 도시 비엔나. 발길 닿는 곳마다 숨 막힐 듯 아름다운 궁전과 미술관이 오색찬란한 위용을 뽐낸다. 모차르트를 비롯한 클래식 작곡가부터 구스타프 클림트, 에곤 실레, 훈데르트바서에 이르기까지 수많은 예술가들의 근거지. 독일의 정갈함과 프랑스의 자유분방함이 물감처럼 뒤섞인 이 도시가 얼마나 근사한지 설명하기에는 일주일도 부족할 정도다.

뭉게구름이 여유롭게 유영하는 푸르른 하늘과 적당한 습도. 도심 곳곳을 누비기에 완벽한 날씨를 자랑하는 비엔나에서 제시와 셀린을 따라 걸었다. 기차에서 내린 두 사람이 어색

한 미소와 함께 걸었던 초록 철제 다리, 화려한 건축물에 감탄하며 거닐던 공원, 테이블에 서로 마주 앉아 귀여운 상황극을 했던 고풍스러운 카페, 은은히 빛을 발하는 오페라하우스의 야경을 한눈에 조망할 수 있는 미술관 앞 광장까지. 그들의 발자취를 따라 부지런히 걸었다.

여정의 마지막 종착지는 레코드 가게, 'ALT&NEU'다. 이곳은 영화에서 두 사람이 서로의 시선을 피해 몰래 훔쳐보던, 바라보는 이마저 숨을 삼키게 하는 명장면이 탄생한 장소이기도 하다. 가게 앞 나란히 진열된 종이 상자에는 1유로 정도의 저렴한 중고 레코드가 차곡차곡 쌓여 있다. 운 좋게 재즈 트롬본 연주자 글렌 밀러의 앨범을 발견하고는 속으로 환호성을 지르며 잽싸게 집어 들었다.

문을 열고 들어서자 저 멀리 영화 〈비포 선라이즈〉 포스터가 붙어 있고, 기민한 몸짓과 눈빛으로 음반을 빠르게 훑는 손님들이 보인다. 직원은 단골과 살갑게 대화를 나누고 있다. 문을 연 지 20년이 훌쩍 넘었지만 과거의 숨결을 고스란히 간직한 공간. 영화와 크게 달라진 것 없이 여전하다. 꿈인지 생시인지, 영화 속에 들어온 듯한 기분에 흘려 이마에 땀이 송골송골 맺히는 줄도 모르고 구석구석 가게를 구경했다. 록, 재즈, 팝, 클래식, R&B, 포크…. 몇 바퀴를 돌면서 찾고 있는 앨범을 사장님께 슬쩍 여쭤보거나, 턴테이블로 궁금한 앨범을 청음 하기도 했다.

손목의 시곗바늘을 확인하니 벌써 시간이 훌쩍 흘렀다. 오가는 사람들이 전부 떠나도록 가게에 머무는 나를 보고, 사장님은 내가 영화의 팬이라는 걸 눈치채신 모양이다. 앨범을 계산하러 다가가자, 그녀는 바로 뒤 선반에 놓인 앨범을 손으로 가리키며 "같이 기념사진을 찍어줄까?"하고 물어보셨다. 영화에서 셀린이 제시에게 혹시 이 앨범을 알고 있냐며 물어보았던, 두 사람이 함께 청음실에서 들었던 캐스 블룸의 〈Come Here〉가 수록된 바로 그 앨범이다. 두근거림은 잠시 접어둔 채 일단 꾸벅, 하고 감사 인사를 건넨 뒤 앨범을 들고 사진을 찍었다. 그리곤 두 장의 CD와 글렌 밀러 LP, 리소그래피 방식으로 손수 만들었다고 자랑하셨던 에코백까지 계산대에 올려두었다. 사장님은 내가 클래식 앨범을 찾고 있던 걸 기억하고 계셨는지, 〈카르멘〉으로 유명한 조르주 비제의 CD를 덤으로 선물해 주셨다. 한산해진 레코드점을 떠날 땐 세상을 다 가진 듯 날아갈 것만 같았다. 좀처럼 내려갈 생각을 않는 입꼬리에서 자꾸만 웃음이 새어 나왔다.

열아홉의 내가 〈비포 선라이즈〉를 보지 않았다면, 나는 과연 유럽으로 떠났을까? 독일에서 반년간 공부하며 머물렀던 경험은 인생의 변곡점이 되었다. 카페에서 글을 쓰거나 동네 서점을 구경하고, 전시회를 가는 습관도 모두 그 시기에 만들어졌다. 낯선 언어와 문화 속에서 스스로가 어떤 사람인지 조금씩 선명해졌고, 그곳에서 글을 쓰는 사람으로 살아야겠다고 굳게 결심했다.

비로소 깨닫는다. 나의 삶 중 많은 부분을 그 영화에 빚지고 있음을.

신현희와김루트
《신현희와김루트》(2015)

오빠야

YOUNG

보컬 데뷔 10분 전

"이번 공연에서 노래 한번 불러볼래?"

선선한 바람이 불어오는 스무 살의 가을날. 이번 학기 정기 공연 기획자 선배와 복도 끝 플라스틱 의자에 마주 보고 앉아 있다. 문틈 사이로 새어 나오는 밴드 동아리의 합주 소리가 복도에 시끄럽게 울렸다. 예상치 못한 제안에 농담인가 싶어서 선배의 얼굴을 다시 한번 쳐다봤지만, 거짓 하나 없는 무해한 표정이다.

"제가 어떻게 노래를 불러요! 저는 키보드, 피아노 담당이잖아요. 다른 보컬 친구들이 맡으면 어때요? 저 진짜 노래는 자신 없단 말이에요…." 나의 간곡한 부탁에도 불구하고 선배는 빙그레 웃더니 아무리 생각해도 이 곡은 나랑 잘 어울린다며, 꼭 내가 불렀으면 좋겠단다.

사실은 그랬다. 얼마 전, 공연 멤버끼리 동아리방 탁자에 둘러앉아 회의를 했다. 이번 공연에는 어떤 곡을 선보이면 좋을지 각자 돌아가면서 하나씩 말했고, 나는 별다른 고민 없이 자주 듣던 신현희와 김루트의 〈오빠야〉를 추천했다. 좋아하는 사람을 향한 풋풋한 설렘이 느껴지는, 발랄한 멜로디가 중독성 있는 곡이었다. 단지 노래가 좋아서 골랐을 뿐인데, 이렇게 내가 부르게 될 줄 알았다면 추천하지 않았을 테다.

"아, 정말 안 되는데…." 입술을 살짝 깨물며 고개를 절레절레 흔들어봐도 이미 답은 정해져 있었다. 선배는 머리를 싸매고 괴로워하는 나를 향해 도와줄 테니 걱정하지 말라고 했다. 이후 소식을 들은 동아리 친구들은 내 얼굴을 마주칠 때마다 드디어 보컬로 데뷔하는 거냐며 장난스럽게 놀리곤 했다.

그날부로 보컬 맹연습이 시작됐다. 그동안은 피아노만 연주했다면, 이제 절반은 노래 연습에 자리를 내어주었다. 보컬에 일가견이 있는 기획자 선배는 올바른 호흡 방법부터 단단한 목소리를 내는 법, 감정을 실으며 부르는 방법까지 세심하게 알려주었고, 동기들이 오가며 알려주는 유용한 조언까지 조금씩 적용해 나갔다. 연습만이 살길이라고 하던가. 숨이 가빠 박자를 놓치기 일쑤였던 후렴구도 어느덧 능숙해지고, 낯간지럽던 가사도 아무렇지 않게 흥얼거릴 만큼 익숙해졌다.

피아노 세 곡에 문제의 오빠야까지. 이번 공연에서는 피아노가 어렵기로 소문난 밴드 딕펑스의 노래부터 악보 없는 재즈곡까지 맡게 되어 벅찼지만, 집으로 돌아오는 길에는 뿌듯함이 차올랐다. 연습을 마친 늦은 저녁이면 종종 굶주린 배를 잡고 부리토 가게에 들어갔다. 동기들과 창가에 일렬로 앉아 주문한 음식을 기다리면서 우리 이러다 정말 데뷔라도 하는 거 아니냐며 자조 어린 농담을 주고받기도 했다.

쏜살같이 흘러간 가을의 끝에서 맞이한 공연 당일. 보컬로 무대에 오르는 만큼, 이번에는 가족뿐만 아니라 친한 고등학교 친구들까지 모두 초대했다. 쑥스럽지만 열심히 준비한 만큼 멋지게 보여주고 싶은 마음도 있었다.

공연은 벌써 중반부를 향해갔고, 드디어 오빠야의 차례였다. 컴컴한 무대 위로 나를 비추는 조명이 서서히 밝아지자, 마이크를 쥐고 떨리는 목소리로 첫 소절을 내뱉었다. 장난꾸러기 남자 동기는 김루트 파트를, 나는 신현희 파트를 맡았다. 간주 부분에서는 리듬에 맞춰 간단한 율동도 했고, 아슬아슬했던 후반부의 고음 부분도 어찌저찌 잘 해냈다. 마지막 소절까지 마무리되자 관객석에서 뜨거운 환호와 박수가 터져 나왔다.

그날 이후 나는 한동안 '오빠야'로 불렸고, 동기나 선배들과 모여 술을 마실 때면 오빠야는 어김없이 단골 주제로 사람들 입에 올랐다. 처음에는 부끄러우니 말하지 말라며 손사래 쳤다가도 결국은 해탈한 듯 멍하니 웃는 수밖에 없었다. 신기하게도 오빠야는 몇 달 뒤 갑작스럽게 차트 역주행을 하면서 사람들에게 널리 알려졌고, 동기들은 나의 노래 선정 안목을 칭찬하기도 했다.

종종 사람들은 나의 노래방 18번이 무엇이냐고 묻는다. 그럴 때면 나는 투개월이 부른 〈여우야〉라고 답하지만, 속으로는 한 곡을 더 떠올리며 넌지시 미소 짓는다. 사실은 신현희와 김루트의 오빠야를 더 잘 부를 수 있다고. 언제나 나를 스무 살의 가을과 겨울 사이 어딘가로 데려가는 노래. 10년이 흘렀지만, 여전히 어제 일처럼 눈에 선하다.

어디선가 동아리 아이들의 명랑한 웃음소리가 귓가에 들려오는 것만 같다.

윤석철트리오
《즐겁게, 음악.》(2014)

여대 앞에 사는 남자

TENDER

두 명의 피아니스트

재즈 피아니스트 세바스찬과 배우 지망생 미아. 영화 〈라라랜드〉에서 그는 재즈가 싫다고 말하는 그녀를 재즈바에 데려간다. 시큰둥했던 미아는 그날 공연을 계기로 재즈, 그리고 세바스찬에게도 마음을 열게 된다.

언제부터 이렇게 재즈를 좋아하게 되었을까? 기억을 더듬어보면 본격적인 발단은 윤석철트리오로 거슬러 올라간다. 〈여대 앞에 사는 남자〉라는 제목에 피식 웃음이 났다가, 발랄한 멜로디에 두 눈이 번쩍 뜨였다. 무엇이든 될 수 있는 자유로운 음표와 쉼표들이 손을 잡고 즐겁게 춤을 췄다. 재즈가 이렇게 매력적인 장르였나? 피아노를 사랑하는 내가 재즈와 사랑에 빠지게 된 건, 어쩌면 예견된 운명이었을지도 모른다.

    엄마의 어릴 적 꿈은 피아니스트였다. 피아노가 배우고 싶었던 그녀는 할머니를 겨우 설득해 피아노 학원에 등록했지만, 할아버지의 사업이 어려워지면서 1년 만에 학원을 그만두어야 했다. 이루지 못한 꿈 때문인지 그녀는 내가 5살이 되자 동네 피아노 학원에 데려갔다. 엄마의 감수성을 물려받아 나 또한 자연스럽게 음악과 가까워졌고, 우리는 판박이처럼 쇼팽과 바흐를 좋아했다. 잠들기 전 머리맡 카세트에서는 늘 클래식 음악이 흘러나왔다. 날씨 좋은 주말이면 엄마는 나를 세종문화회관에 데려가 오케스트라나 발레 공연을 보여주곤 했다.

    그렇게 피아노와 둘도 없는 단짝이 되었고, 초등학교 3학년 때까지만 하더라도 나의 장래희망은 언제나 피아니스트였다. 피아노 선생님은 예술중학교 진학을 권유했지만 그땐 용기도 자신도 없었다. 그럼에도 피아노만은 손에서 놓고 싶지 않아 중학교를 졸업할 때까지 레슨을 받았다.

어른이 되어서도 피아노는 항상 내 옆에 머물렀다. 스무 살에는 대학교에 입학하자마자 밴드 동아리에 들어갔고, 홍대에서 첫 공연을 하게 되면서 오랜 로망을 이뤘다. 교환학생으로 떠난 독일에서는 며칠 전 발매된 윤석철 트리오의 신곡에 열광하며, 음대 연습실에 몰래 들어가 피아노를 치다가 슬그머니 빠져나오기도 했더랬다.

자연스럽게 엄마에게도 윤석철 트리오의 음악을 소개해 주었다. "피아니스트 윤석철은 중학교 때 피아노를 처음 배웠대. 그런데 어떻게 이토록 현란하게, 마치 신들린 듯 칠 수 있는 걸까?" 나의 감탄에 엄마는 그건 운명 같은 거라고 말했다. 그는 아마 피아노를 연주하기 위해 태어난 사람일 거라고.

아직 봄이 오지 않은 3월의 초입, 윤석철 트리오의 반가운 공연 소식을 듣고 엄마와 망원동으로 향했다. 무대에는 자줏빛 피아노와 비스듬히 누운 콘트라베이스, 그리고 드럼이 가지런히 놓여 있다. 아늑한 불빛 아래 라라랜드 같은 순간이 흘러갔다. 공연이 끝나자 엄마는 윤석철 피아니스트와 함께 사진을 찍어주겠다고 말했고, 나는 수줍어하며 그와 사진을 찍은 뒤 악수를 청했다. 솜사탕처럼 푹신하고 부드러웠던 그의 손. 언젠가 영상으로 보았던, 재즈 피아니스트 빌 에반스의 손이 그에게서 겹쳐 보였다.

요즘 들어 엄마는 피아노를 다시 배워보고 싶다고 말한다. 나는 대답한다. 내가 가르쳐 주겠다고, 대신 잔소리를 하지 않을 자신은 없으니 알아두라며. 엄마는 옆으로 고개를 돌리면서 어이없다는 듯 웃는다. 이제는 내가 그녀를 피아노의 세계로 초대할 시간이다. 세바스찬이 미아에게 그랬던 것처럼.

Tom Misch
《Geography》(2018)

South of the River

YOUNG

네가 있어 난 더블린에 왔어

더블린으로 떠난 이유는 단순했다. 당시 완전히 사로잡혀있던 영국의 젊은 싱어송라이터, 톰 미쉬를 보기 위함이었다. 교환학생을 떠나온 지 한 달이 넘은 시점. 한국보다 8시간 늦게 흐르는 지구 반대편 생활도 익숙해지고, 변덕스러운 회색빛 먹구름도 서서히 걷히고 있었다.

노트북을 열고 좋아하는 가수들의 이름을 하나씩 검색했다. 그러다 운명처럼 발견한 톰 미쉬의 단독 콘서트. 일정은 2주 뒤, 장소는 아일랜드 더블린의 Olympia Theatre. 티켓 가격은 23유로, 한국 돈으로 겨우 3만 원 정도다. 마침 같은 학교로 파견된 한 언니도 그의 음악을 좋아하고 있었기에, 더는 망설일 이유가 없었다. 더블린행 비행기 티켓을 두 장 끊은 날 밤, 설레서 잠이 오지 않았다.

영화 〈원스〉와 〈싱 스트리트〉의 촬영지이자, 재능 있는 연주자들의 버스킹으로 길거리 한복판이 순식간에 무대로 변하는 마법 같은 도시. 음악 애호가라면 사랑하지 않을 수 없는, 낭만이 살아 숨 쉬는 더블린에는 여유가 흘러넘쳤다. 200여 년의 역사를 자랑하는 펍에서 기네스 맥주를 한잔 주문하고는 부드러운 황금빛 거품을 호로록 넘겼다. 친근하게 말을 걸어오는 옆자리 중년 부부와 대화를 나누며 더블린 사람들의 쾌활함을 느낄 수 있었다. 저편 무대에서 들려오는 흥겨운 아코디언 연주와 함께 첫날밤이 저물어갔다.

사계절 내내 흐리고 변덕스러운 날씨로 유명한 더블린은 고맙게도 머무는 내내 쾌청한 풍경을 보여주었다. 음악의 도시답게 더블린 시내에는 크고 작은 레코드 가게가 있었는데, 얼마 전 발매된 톰 미쉬의 신보를 찾기는 쉽지 않았다. 운이 좋게도 다른 레코드 가게 사장님이 알려준 대형 매장에서 딱 한 장 남은 그의 앨범을 품에 안을 수 있었다.

드디어 맞이한 공연 당일 아침, 언니와 나는 고민하다가 브런치로 유명한 카페에 방문하기로 했다. 오전부터 북적북적한 내부에 자리를 잡고 주문한 음식이 나오기를 기다리던 중, 문득 가게로 들어오는 한 남자가 왠지 낯이 익었다. 눈을 비비고 다시 봐도 그 사람이 맞는 것 같다. 얼떨떨한 목소리로 언니에게 물었다. "지금 카운터에서 주문하고 있는 남자, 톰 미쉬 같은데?" 말이 끝나자마자 언니는 잽싸게 뒤를 돌아봤고, 눈이 마주친 우리는 동시에 소리를 질렀다. "말도 안 돼! 정말 그가 맞잖아?" 충격적인 상황에 머리가 새하얘지면서 우물쭈물하던 찰나, 그는 이미 주문을 마치고 가게 밖으로 나가 일행들과 기다리고 있었다. 더 망설였다가는 그가 떠날지도 모른다. 요동치는 심장을 부여잡고 밖으로 나섰다.

쭈뼛쭈뼛 그에게 다가갔다. "Excuse me, are you really Tom Misch?"라고 묻자 그는 웃으며 "Yes, I am." 하며 고개를 끄덕였다. 훤칠

한 키에 짙은 노란빛 반곱슬머리를 지닌 그에게서는 소년스러운 매력이 느껴졌다. 두서없는 말이 속사포처럼 쏟아졌다. 우리는 독일로 교환학생 온 대학생인데 당신을 보러 더블린까지 날아왔고, 오늘 공연 정말 기대 중이라며. 나는 그의 곡 〈South of the River〉의 가사인 'You should come South of the River'를 활용해, "You should come to South of Korea!"라고 장난스레 덧붙이는 것도 잊지 않았다. 그는 고맙다는 말과 함께 사진을 찍어도 괜찮겠냐는 부탁에도 흔쾌히 응해주었다. 고장 난 로봇처럼 그와 사진을 찍고, 혹시 공연 후 사인을 받을 수 있을지 물었다. 그는 확실하지는 않지만 무대 뒤편으로 오면 해줄 수 있을 거라고 했다. "See you there!" 반갑게 손을 흔들며 그와 헤어졌다.

정신을 차려보니 어느새 저녁 여섯 시. 그를 보기 위해 모여든 인파를 뚫고 티켓을 끊어 극장 안으로 들어갔다. 도톰한 붉은 벨벳 커튼에 고풍스러운 장식을 뽐내는 내부. 정면의 거대한 현수막에는 그의 앨범 아트가 커다랗

게 그려져 있다. 관객들은 자유분방한 분위기에서 한 손에는 맥주를 들고 지인들과 대화를 나눴다.

톰 미쉬의 누나이자 뮤지션인 로라 미쉬의 연주로 시작되는 무대. 스페셜 게스트인 그녀는 몽환적인 색소폰 연주로 무대를 뜨겁게 달궈주었고, 뒤이어 톰 미쉬의 노래가 흘러나왔다. 리드미컬한 바이올린 선율과 동시에 객석에서 황홀한 환호성이 쏟아진다.

겨우 20대 초반에 접어든 그는 젊고 재능 넘치는 청년이었다. 자신만의 고유한 색깔로 흔들리는 청춘의 감정과 고민을 진심 어린 가사로 표현했다. 런던의 한적한 교외, 볕이 잘 드는 창문이 있는 다락방. 그가 기타를 연주하며 노래를 작곡하는 장면을 상상했다. 음악에 온전히 몰입하며 순간을 즐기는 그는 존재만으로도 빛났다.

꿈만 같은 시간을 보낸 후 무대 뒤편을 찾아 이리저리 헤맸다. 아직은 쌀쌀한 밤공기에 몸이 으슬으슬 떨려오는 찰나, 발을 동동 구르며 멀찍이 서 있는 우리를 발견한 한 공연 관계

자분은 우리의 사연을 듣더니 앨범을 가져가시고는 톰 미쉬의 사인을 대신 받아 주셨다. 앨범 위 선명한 글씨로 적혀 있는 'Nice to meet you at Beanhive cafe Dublin!'이라는 문장과 그 옆의 귀여운 하트까지. 여운은 너무도 강렬했다. 나는 그날 숙소에 도착해서도 쉬이 잠들지 못했고, 지난 며칠이 전부 환상처럼 느껴졌다. 공항으로 돌아가는 길에도, 독일 땅을 밟고 학교 기숙사로 돌아왔을 때도 두 눈은 여전히 더블린 거리를 서성였다.

그해 여름, 톰 미쉬는 한국에 꼭 와달라는 우리의 부탁 그대로 서울에서 첫 내한 공연을 했다. 당시 나는 아직 유럽에 머무르고 있었지만, 아무래도 좋았다. 소원이 정말 이루어졌으니 말이다.

지금도 톰 미쉬의 노래는 2018년의 더블린으로 나를 데려간다. 이상스레 푸르던 하늘과 유쾌하고 다정한 사람들, 음악이 흐르는 거리와 그와의 우연한 만남까지 모든 게 완벽했던 5월의 봄날. 삶은 참 기이하고도 신비롭다. 가끔은 이렇게 믿을 수 없는 일들이 생겨나니까.

Taeko Onuki
《MIGNONNE》(1978)

4:00A.M.

LOVE

평행 세계

나의 노트북 한구석에는 검은색과 흰색 고양이가 나란히 서서 LP를 고르는 일러스트 스티커가 붙어있다. 엄지로 꾹꾹 스티커를 문지르면서 작은 소망도 함께 붙였다. 언젠가 나도 음악을 좋아하는, 취향이 비슷한 사람을 만날 수 있기를. 그리고 그를 만났을 때 생각했다. 까만 고양이가 드디어 나에게 왔구나.

 처음부터 그에게 끌렸던 건 아니었다. 하지만 우리의 첫 만남은 어찌나 강렬했는지, 성가시게 떨어지는 빗방울과 궂은 날씨도 우리의 이야기를 멈출 수는 없었다. 그에게 맥주 한잔을 더 마시자고 말하지 않을 수 없었고, 그날 나는 아슬아슬하게 막차를 타고 집에 돌아왔다.

이건 우정일까, 아니면 사랑일까? 일주일 내내 머릿속에 물음표가 떠나질 않았다.

그날도 어김없이 비가 내렸지만 개의치 않았다. 이미 마음의 결론을 내린 상태였으므로. 만일 그가 우리 사이를 정의하려 한다면, 이렇게 답해야겠다고 생각했다. 우리는 친구에 더 가까운 것 같다고. 그러나 같은 취향을 나눈다는 건 공유할 이야기도 끊임없이 생겨난다는 것이었고, 대화는 두 번째 만남이라기에는 믿기 어려울 만큼 물 흐르듯 자연스러웠다. 브릿팝에 열광하고, 재즈를 즐겨 듣고, 심지어 브라질 음악까지 찾아 듣는 사람. 거울을 앞에 두고 이야기하는 기분이었다. 비슷한 점을 찾지 않는 것이 더 어려웠던 우리는 서로를 평행 세계라 불렀다.

그는 삼각지에 있는 단골 LP 바에 나를 데려갔다. 비 오는 금요일 저녁, 사람들로 북적이는 실내. 공연 포스터 액자가 큼직하게 걸린 벽면의 바 테이블에 걸터앉아 주위를 두리번거리자 그가 신청곡 종이와 펜을 가져왔다. 짓궂은 표정으로 웃으며 그에게 제안했다. 누가 노래를 더 많이 알고 있는지 한번 겨뤄보자고. 우리는 심혈을 기울여 고민하다가, 서로 훔쳐보지 못하도록 손으로 가리고 신청곡을 썼다. 그와 내가 신청한 노래가 번갈아 나오며 LP 바에 크게 울려 퍼졌다.

마음이 없었다면 집까지 데려다준다는 그의 말에 응하지 않았을 것이다. 아직 그치지 않은 비를 핑계 삼아 못 이기는 척 차에 올라탔고, 그는 스피커와 자신의 휴대전화를 연결하고는 내 손에 건넸다. LP 바에서 듣고 싶었던 노래 세 곡을 골라 틀었다. 구태여 설명을 덧붙일 필요도 없었다. 내가 좋아하는 노래는 곧 그의 것과도 다름없었으므로.

자정이 가까워질 무렵, 비 내리는 서울의 밤. 텅 빈 고속도로를 가로지르며 차창을 두드리는 빗소리 위로 타에코 오누키의 우수 어린 목소리가 흘러나온다. 순식간에 밀려오는 파도를 어찌할 수 없듯, 가랑비에 옷이 젖듯 사랑에 속수무책으로 빠졌음을 실감했던 여름밤. 그와 사랑에 빠지는 건 처음부터 예견된 일이었는지도 모르겠다.

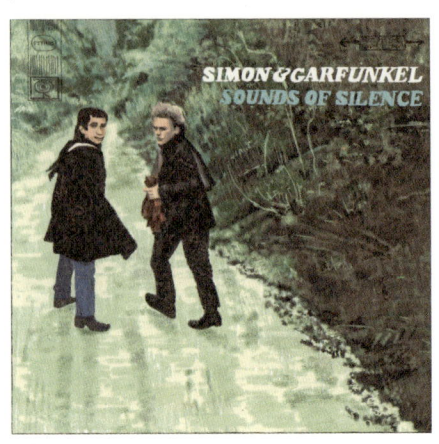

Simon & Garfunkel
《Sounds Of Silence》(1966)

The Sound of Silence

LOST

영원한 졸업이란 게 있을까

한여름의 졸업생이 되고 싶지는 않았다. 아니, 거짓말이다. 사실은 눈앞에 놓인 깜깜한 미래를 마주하고 싶지 않았다. 나에게 졸업 유예라는 이름으로 6개월을 주었다. 꿈과 현실 사이를 끊임없이 저울질하며, 영어와 독일어 같은 낯선 이국의 언어를 듣고 또 쓰며 입으로 중얼거렸다.

가을에는 제주로 훌쩍 떠났다. 청명한 아침 바다, 맛있는 커피, 고즈넉한 동네 서점, 그리고 밤바다 산책. 일과를 마치면 어김없이 매일 일기를 썼다. 한 달간의 쉼을 마치고 돌아오니 서울은 이미 겨울이었다. 영영 오지 않기를 바랐던 연말을 꾸역꾸역 보내고 맞이한 어수선한

새해. 마침표를 찍지 못한 부스러기 같은 작년의 상념을 습관처럼 되뇌었다. 하이얀 눈이 펑펑 쏟아지던 그해 겨울. 영원할 것만 같던 추위도, 뽀드득 눈 밟히는 소리도 금세 과거가 되고 졸업식 날짜는 코앞으로 다가왔다.

꼬리를 물고 늘어지는 생각을 잘라낼 겨를도 없이 맞이한 졸업식 당일. 동기들과 스튜디오에서 졸업 사진 촬영까지 마친 후에야 실감이 났다. 뿌듯하고 후련하면서도 이유 모를 두려움이 엄습했다. 반짝이는 시절이 다 지나가 버렸구나. 눈물이 날 것 같은 기분이 드는 건 왜였을까.

공허한 눈으로 며칠을 허비하다 마이크 니콜스 감독의 영화 〈졸업〉을 보았다. 수석으로 대학교를 졸업한 주인공 벤저민은 여전히 앳된 아이처럼 보인다. 50년 전에도 세상은 여전했다. 졸업을 축하하는 어른들의 말 뒤로 쏟아지는 질문들. 앞으로는 뭐 할 거니, 대학원은 갈 거니, 결혼은 언제쯤 할 예정이니. 이정표 없이 배회하며 아찔한 일탈까지 일삼던 주인공은 어느 날 일레인과 사랑에 빠진다. 시련

에도 굴하지 않고 마침내 사랑을 쟁취한 벤저민은 그녀의 손을 잡고 도망치듯 버스에 올라타지만, 환한 얼굴은 순식간에 싸늘해진다. 덜컹거리는 버스처럼 거칠게 흔들리는 눈동자와 당장이라도 울 것 같은 얼굴이 된다. 위태로운 두 청춘으로부터 나를 보았다. 아, 우리는 평생 방황해야 할 운명인 걸까.

 영원한 졸업이란 없다. 겨우 한숨 돌린 줄 알았지만 인생은 멈출 생각도 않고 끝없이 흘러간다. 또다시 거센 풍랑에 몸을 내던지고 삶의 의미를 찾기 위해 달려야 하겠지. 불안이 젊음의 대가라면, 오직 방황만이 젊음의 증거가 될 수 있다면 이제는 담담히 받아들이고 싶다. 한없이 무너지고 넘어지더라도 온전한 내가 될 수만 있다면 더는 주저하지 않을 테다.
 흔들리지 않고 피는 꽃이 어디 있겠냐는 한 시인의 말을 떠올린다. 스물다섯, 나는 청춘의 한가운데에 서 있다.

김사월
《수잔》(2015)

새

TENDER

어른아이

하루빨리 자라 어른이 되기를 바랐던 동시에 어른이 되는 게 두려웠던 소녀. 어른다운 건 무엇인지, 어른답지 않은 건 또 무엇인지 혼란스러웠던 어른아이. 어떻게 인생을 살아야 하는지 도무지 모르겠어서, 갈피도 잡지 못한 채 그저 이 시절이 빠르게 흘러가길 바랐다.

누군가에게 이해받기를 갈망했다. 또래보다 생각이 많았던 소심한 아이. 낮에는 친구들과 와자지껄 어울리다가도 밤이 오면 부질없는 상념에 잠겼다. 내향적인 성격 탓에 친구가 악의 없이 툭 던진 말에 상처받기도 하고, 온종일 돌아다닌 날에는 며칠을 쉬어야 회복됐다. 이토록 무거운 나를 누가 이해할 수 있을까. 길가에 나뒹굴며 자꾸만 발에 밟히는 나뭇잎들을 보며 괜스레 씁쓸해했다.

열아홉의 나는 자신을 사랑하는 방법을 몰랐다. 비교와 질투, 후회와 자책은 나를 구성하는 주요한 감정이었다. 통과의례의 시간 속에서 유일한 위로는 음악뿐이었는데, 그때 김사월을 만났다. 고독을 노래하는 서늘하고도 처연한 목소리. 그녀는 생의 절망 속에서도 언제나 노래하고 있었다. 나의 일기장을 훔쳐본 듯한 가사에 그동안 꼭꼭 감춰온 속내를 들킨 기분이었다.

공식적으로 발매되지 않은 그녀의 데모곡을 모조리 내려받았다. 어설프지만 진심이 툭툭 담긴 노래들은 미완성이라는 점에서 어른이 되지 못한 나의 모습과도 닮아있었다. 깊은 밤 독서실에서 나와 귀뚜라미 소리만 들리는 아파트 단지를 걸어올 때도, 잠들기 전 머리맡에서도 그녀는 곁에 머물렀다. 수능을 삼주 앞두고 그녀의 첫 정규 앨범이 발매된 날에는 환호하며 집으로 달려갔다. 가방만 벗어 던지고 빠르게 컴퓨터 앞에 앉아 헤드폰을 쓰고, 이미 닳고

닳도록 들은 열한 곡의 트랙을 처음부터 끝까지 단숨에 재생했다.

스무 살이 된 이후 한동안 김사월의 노래를 일부러 찾아 듣지 않았다. 다시 듣게 되면 위태롭고 불확실한 그때로 되돌아갈 것만 같아서. 그럼에도 계절은 성실하게 돌고 돌아 돌아왔고, 선선한 바람이 불어오면 습관처럼 그녀의 노래를 떠올렸다. 11월의 어느 날, 공연이 끝난 후 CD를 들고 그녀의 앞에서 고백할 수밖에 없었다. 당신의 노래가 나를 살게 했다고, 헤아릴 수 없을 만큼 깊은 위로를 받았다고. 나는 어쩐지 울먹거렸고, 나의 이야기를 듣는 그녀의 눈시울도 서서히 붉어졌다.

김사월은 어느덧 정규 앨범 네장을 발매한 데뷔 12년 차 싱어송라이터다. 그녀는 이제 사랑하는 이를 힘들게 하는 세상을 칼로 베어버린다고 노래할 만큼 굳세어졌고, 자신을 사랑하는데 서툴렀던 열아홉의 나는 이제 누군가에게 사랑을 아낌없이 주고 돌려받지 않아도 괜찮은 사람이 되어가고 있다.

앞으로 맞이할 가을에도 여전히 그녀의 노래를 찾을 것이다. 언제나 그랬듯이, 어쩌면 영원토록….

Q
《The Shave Experiment》(2020)

Take Me Where Your Heart Is

LOVE

말 없는 고백

서늘하고도 달큰한 공기가 코끝에 스미고, 촉촉한 흙 내음이 훅 끼쳐오는 가을밤. 모든 게 적당한 온도와 습도 탓일까? 온갖 사랑 노래를 부른 가수들에게 묻고 싶어지는 기분에 사로잡힌다. 세상 모든 사랑 노래가 내 이야기처럼 들려온다.

옅은 회색빛 구름 사이로 가느다란 빗방울이 흩날리던 북촌의 오후. 우산을 한쪽으로 비스듬히 쓰고 시선은 신발 끝에 떨군 채, 미술관 앞을 서성이며 친구들에게 전화를 건다. 있잖아, 내가 얼마 전에 부산에 공연 보러 갔다고 했더니 평소에 음악 좋아하냐고 묻는 거야. 그래서 곧 있을 검정치마 콘서트도 예매했다고 했지. 그런데 이 사람도 검정치마를 알고 있더라고. 그래서 대체 검정치마, 우리 조휴일 씨는 어떤 사랑을 했길래 이런 가사를 쓸 수 있는 거냐는 이야기까지 나눴어. 덕분에 요즘에는 검정치마 노래만 듣고 있다고 하네. 아침마다 어제는 이 노래 들어봤다고 알려주는데, 은근히 귀여운 것 같기도 하고 그래.

친구들과의 약속이 취소된 금요일. 느지막이 들른 집 앞 단골 카페에서 일기를 쓰던 중, 그의 메시지가 도착했다. 〈Take Me Where Your Heart Is〉, 집 가는 길에 들어보라며 추천해 준 그 곡은 제목만 보아도 사랑 노래임이 분명하다. 잠시 머뭇거리다 재생 버튼을 눌렀다.

또렷한 존재감을 드러내는 드럼 소리가 머리를 둥둥 울린다. 손끝으로 화면을 천천히 내리며 가사를 훑다가 불현듯 한곳에 시선이 멎었다. 심장이 쿵, 하고 내려앉는다. 그건, 누가 보아도 명백한 사랑 고백이었다.

LANY
《LANY》(2017)

Good Girls

YOUNG

여름방학, 그 후

스물일곱 여름, 첫 회사를 그만두었다. 누구나 한 번쯤은 새로운 가능성을 꿈꾼다. 늘 머나먼 곳으로 떠날 수 있기를 바랐다. 그동안 몰랐던 나를 찾아나가며 미지의 도시에서 펼쳐질 또 다른 삶을 무한히 동경했다.

운이 좋게도 졸업하자마자 인턴을 구했고, 정규직으로 전환되면서 마케터로 커리어를 출발했다. 일찍 시작한 사회생활로 1인분의 몫을 해낼 수 있다는 사실이 새삼스럽다가도 내심 억울한 마음도 들었다. 마음 한편에는 언젠가 외국에서 일하고 싶다는 소망이 자리 잡고 있었기에, 서울이 아닌 해외에서의 날들을 상상하며 매일 출근길 버스에 올랐다.

근무한 지 3년이 채 되지 않은 무렵, 회사는 뼈아픈 현실을 맞닥뜨렸다. 코로나 시기 폭발적으로 성장한 서비스는 무리할 만큼 공격적으로 사업을 확장했지만, 팬데믹이 끝나고 변화에 빠르게 대응하지 못하면서 내리막을 걸었다. 직원들은 열정과 애정으로 가꿔온 회사를 떠나야만 했고, 나 또한 눈물을 머금고 일터를 떠나기로 결정했다. 주변 동료들은 이직처 없는 퇴사를 말렸지만, 푸릇한 젊음을 무기로 어떻게든 되리라는 막연한 기대감뿐이었다.

도돌이표 같은 일상이 멈추자 그토록 사랑하는 계절의 한가운데에서 방학을 맞이했다. 달큰한 과즙이 터지는 복숭아 푸딩을 맛보거나 서점에서 에릭 로메르의 각본집을 발견하고, 잠들기 전 프랑수아즈 사강의 소설을 홀린 듯 읽다 새벽을 맞이했다. 아득한 무더위에 몸이 녹아내리고, 자비 없는 여름 바다 태양에 속수무책으로 피부가 빨갛게 익어버려도 여름은 응당 그래야 하는 게 아니겠냐며 읊조렸고. 어디로 흘러갈지 한치도 짐작할 수 없는 하루가 이어졌다.

머지않아 나는 록 페스티벌 티켓을 손에 쥐고 도쿄로 떠났다. 8월의 도쿄는 뜨겁다 못해 따가웠다. 열기가 식지 않은 한여름 밤의 공기 속에서 밴드 레이니의 공연이 펼쳐졌다. 휘황찬란한 무대를 뛰어다니며 노래하는 그의 눈부신 몸짓을 바라보자, 순간 지금보다 더 큰 자유를 갖고 싶다는 충동에 휩싸였다. 베를린에 다시 간다면, 생기와 열의로 반짝이는 눈동자를 되찾을 수 있지 않을까? 유럽에서 잃어버린 나의 조각을 되찾을 수 있을 거라는 생각에 몸이 들썩거렸다.

이왕 찾아온 방학의 끝을 조금만 더 붙잡아 보기로 한다. 가을방학이 되어도, 심지어 겨울방학이 되어도 상관없을 것 같다.

Erlend Øye, La Comitiva
《Mornings and Afternoons》(2023)

Mornings and Afternoons

TENDER

국경을 넘고 바다를 건너

혼자라는 감각이 선명해지는 순간. 누구도 나의 말을 이해하지 못하고, 내가 쓰는 문장을 알아보지 못한다는 사실이 자유로우면서도 쓸쓸하게 느껴지는 때가 찾아온다.

어차피 외로울 거라면 더 외로워지기로 결심한다. 덴마크 코펜하겐에서 스웨덴 말뫼까지는 기차로 30분. 건조한 이른 아침, 눈을 비비며 계획도 없이 기차표를 끊고 바다를 건넌다. 다리 하나로 이토록 손쉽게 국경을 넘을 수 있다는 사실이 그저 생경하기만 하고.

열 시가 되지 않은 해변에는 아무도 없었다. 유리처럼 투명해 바닥까지 훤히 들여다보이는, 미역 줄기가 느릿느릿 춤을 추는 바다. 강물처럼 유순하게 넘실거리는 물결 위로 백조들이 우아하게 떠다닌다. 파도 소리조차 들려오지 않는, 태어나서 처음으로 마주하는 고요한 바다. 거친 바닷바람을 한동안 가만히 맞았다. 멀리 떠나온 이래로 처음으로 외롭지 않다고 생각했다.

관광지도 아닌 아담한 항구도시에서 여행객이 할 일은 그리 많지 않았다. 그저 발걸음 닿는 대로, 고양이처럼 주위를 두리번거리며 산책하는 일뿐. 늦가을의 나른한 햇살이 건물을 노르스름하게 물들일 때까지 시내를 걸었다. 어느덧 집으로 돌아갈 시간이었다.

여전히 말뫼의 바다를 떠올린다. 혼자였지만 어느 때보다 충만했던 그때를.

Prague Chamber Orchestra
《Dvořák: Serenade for Strings, Czech Suite》
(1977)

Serenade for Strings in E Major,
Op.22, B.52: II. Tempo di valse

LOST

그리고 베를린에서

최악의 사건은 거짓말처럼 잇달아 찾아온다. 한 차례 방황이 지나가자 더 큰 방황이 시작되었다. 자발적이자 비자발적인 퇴사 이후 집시처럼 전 세계 도시를 떠돌았다. 도쿄와 뉴욕, 파리, 베를린, 에든버러, 암스테르담, 그리고 코펜하겐까지. 두 달간의 유랑 생활을 마치고 한국으로 돌아온 후 그에게는 이별을 고했다. 이후에는 예상치 못한 병원 신세와 얼어붙은 취업시장만이 나를 기다렸다.

한 번도 원한 적 없는 것들을 열망해 보기로 한다. 남들이 말하는 좋은 회사나 번듯한 대기업에 입사하면 지금보다 행복할 거라 여기면서. 실패가 두려워 늘 안전한 선택만 해온 자에게 세상은 작정하고 쓴맛을 보여준다. 서류 탈락, 1차 탈락, 2차 탈락, 마침내 최종 탈락. 100개의 이력서는 0으로 귀결되고 있다. 1년을 쉴 틈 없이 달려온 두 손에 쥐어진 건 낙담과 비관뿐이다.

아무도 없는 텅 빈 섬에 앉아 끝없는 모래알을 세는 기분으로 하루하루를 견뎠다. 일상의 소소한 기쁨을 만끽하는 일은 드물어지고 아름다움에도 무감각해졌다. 다 채우는데 반년은 족히 걸리는 노트를 두 달 만에 갈아치웠다. 쓰지 않으면 단 한 순간도 견딜 수 없었다. 손가락이 저려올 만큼 쓰고 또 쓰고, 고전 소설을 닥치는 대로 읽고 삼켰다. 정답을 구하는 절박한 심정으로. 마치 책 속에서 또렷한 해답을 발견하리라 믿는 사람처럼.

끝없는 터널 속을 걷다가 드라마 〈그리고 베를린에서〉를 만났다. 열일곱에 사랑 없이 결혼한 주인공 에스티는 엄격한 유대교 공동체를 저버리고 베를린의 여름으로 도망치듯 떠난다. 거리를 정처 없이 헤매다 들어간 건물은 한 음악 대학교. 희미하게 들려오는 바이올린 선율을 따라 도착한 공연장 앞은 리허설 준비를 하는 학생들로 분주하다. 그녀는 기척 없이 조심스레 뒷좌석에 자리를 잡는다. 드보르자크의 현악 세레나데 첫 소절이 연주되자, 이윽고 그녀의 눈에서 눈물이 흘러내린다.

    한 해를 마무리할 즈음, 최종 합격만을 남겨둔 회사로부터 메일 한 통을 받았다.
    새로운 숫자가 주는 깨끗하고도 무한한 가능성 속에서, 단 하나의 결론만이 표면 위로 떠오른다. 해가 바뀌자 드라마 속 에스티가 그랬던 것처럼, 나 또한 베를린으로 향하기로 마음을 굳힌다. 필요한 건 영어 자격증과 대학원 입학 지원서. 소설가 카프카의 말처럼, 망설임 속에서 또 다른 길이 모습을 드러낸다. 이제는 기꺼이 걸어가 보기로 한다.

Jonah Yano, BADBADNOTGOOD
《Key to Love (Is Understanding)》(2019)

Key to Love (Is Understanding)

LOVE

한여름 밤의 꿈

헤어지기에는 날이 너무 좋았다. 달구어진 아스팔트 위로 피어오르는 아지랑이와 작열하는 태양에 머리칼이 뜨겁게 데워지는 7월의 한낮. 그럼에도 고개를 들면 눈이 시리도록 시퍼런 하늘 위로 뭉게구름이 떠다니는, 맑고 무더운 날씨였다.

    태어나서 처음 보는 그의 표정이었다. 그동안 나를 좋아했다고도 믿어지지 않을 만큼 냉담한 눈빛. 입이 말라 바짝 타들어 가도록 그를 설득하고 붙잡을 수밖에 없었던 건, 이 여름만큼은 함께하고 싶었기 때문이다. 가장 사랑하는 계절에 헤어지고 싶지 않았다. 이별을 맞닥뜨려야 한다면 최대한 미루고 싶었다. 한참을

침묵하던 그는 잠시 숨을 고른 뒤 마지못한 듯 끄덕였고, 우리는 이 여름이 다 지나간 후에 다시 생각해 보기로 결론을 내렸다.

겨우 여섯 시를 조금 넘겼을 뿐이었지만 그의 차에 올라탔다. 여느 때처럼 그는 스피커와 연결된 자신의 휴대전화를 건넸지만 나는 고개를 저었고, 시선을 돌려 희끄무레한 주홍빛으로 서서히 물드는 한강변을 바라봤다. 모진 말들을 건넨 그에게 투덜거리다가도, 전과 다를 바 없이 이런저런 이야기를 나누었다.

차는 어느덧 고속도로에 진입했고 언젠가부터 우리는 말이 없었다. 신호 없이 직선으로 뻗은 끝없는 도로만이 눈앞에 놓여있을 뿐. 그가 했던 말이 비로소 제대로 들려온다. 문장과 단어들이 수면 위로 올라와 온몸을 휘감자, 갑자기 시야가 흐릿해지면서 토할 것만 같은 기분이 들었다. 그는 문득 무작위로 흘러나오는 노래가 마음에 들지 않았는지, 버튼을 눌러 한참 동안 곡을 넘기다가 이내 한 곡에서 멈췄다.

사랑의 핵심은 이해야. 되풀이되는 가사가 또렷하게 들린다. 그제야 우리가 끝났다는 사실을 깨닫는다. 이해하려고 부단히 애썼던 여자와 이해하기를 포기한 남자. 우리는 서로를 이해하지 못해서 이렇게 헤어지는 걸까? 네가 알려준 무수한 노래를 미처 다 들어보기도 전에 사랑은 끝났다. 아니, 사랑이 아니었을지도. 그의 말대로 우리는 연인보다는 친구에 가까웠을지도 모르지. 그저 조금은 남다르고 특별한 우정이었을 뿐인데, 내 멋대로 사랑이라고 착각한 걸까?

홀로 남은 색소폰 소리가 사그라지면서 노래가 끝나자 농담처럼 차에서 내릴 시간이었다. 이 순간이 우리의 마지막임을 직감했던 것일까. 그는 평소처럼 나의 손등에 입을 맞추는 대신, 정중하게 오른손을 뻗어 악수를 청했다. 무표정한 그의 얼굴을 물끄러미 바라보다가, 손을 마주 잡고는 이내 시선을 거두고 차에서 내렸다. 시끄러운 엔진소리와 함께 그가 빠르게 멀어져갔다.

그날 밤, 그에게 보낼 편지를 쓰기 시작했다. 편지는 이렇게 끝난다.

짧지만 함께했던 시간 동안 우리가 나눈 이야기와 대화들, 서로 주고받은 웃음과 눈빛들만큼은 다 진심이었기를 바라. 이 무덥고 찬란한 여름을 잠시나마 함께할 수 있어 기뻤어.

3호선 버터플라이
《Time Table》(2004)

스물아홉, 문득

LOST

열아홉의 너에게

알고 있어? 오래전 기억 저편에 잠들어있던 노래를 듣게 되면 느닷없이 눈물이 날 수도 있다는 거.

열아홉의 너는 어떤 생각을 했었더라. 과연 스물아홉이 올까, 하며 아득하고도 낯선 숫자를 만지작거리던 너. 설령 그날이 온다고 하더라도 아주 먼 미래일 거라 여겼지. 한편으로는 바라왔잖아. 10년 뒤에는 분명 멋진 모습일 거라고. 감히 상상조차 되지 않지만, 일희일비하지 않으며 주체적이고 당당하게 살고 있을 거라고.

그런데 사실은 있잖아. 조금은 실망스럽겠지만, 막상 스물아홉이 되어보니 그렇지 않더

라. 뭐 하나 내 마음처럼 흘러가 주지 않더라고. 사랑도, 일도, 꿈도, 전부 다. 연락처만 남아 있는 동창은 결혼을 했고, 한 친구는 회사에서 인정받아 승진을 했고, 같은 과 동기는 귀여운 아기를 낳았고, 또 누군가는 근사한 집을 샀어. 왜 자꾸 주변을 서성이게 될까. 스스로가 한없이 초라하게 느껴져. 주변 사람들에게 당신의 스물아홉은 어땠냐고 괜히 한번 물어봐. 아홉 수란 게 정말 존재하는 걸까?

결국 나는 울고야 말았어. 네가 고등학생 때 자주 들었던 〈스물아홉, 문득〉. 그 곡을 스물아홉을 매섭게 관통하는 지금 듣게 될 줄은 누가 알았겠어? 쏜살같이 계절은 흘러 스물아홉이 되었는데. 열아홉 그때의 나는 무엇을 꿈꾸었을까?

기타리스트가 마이크를 들고 말해. 지금 스물아홉인 사람 한번 손을 들어보래. 나를 비롯한 사람들이 곳곳에서 손을 들어. 다음으로 연주할 곡은 보컬이 스물아홉에 썼던 노래인데, 벌써 20년이 훌쩍 흘렀대. 아아, 관객들로부터 긴 탄성이 쏟아져. 몽글몽글 전자 기타 소리가 흘러나오자마자 뜨거운 눈물이 왈칵 쏟아졌어. 분명 슬픈 노래는 아니었던 것 같은데, 스물아홉이 원래 이렇게 슬픈 거였나?

한여름의 열기가 가라앉은 어둑어둑해진 하늘과, 눈이 아플 만큼 빛을 쏘아대는 무대 조명 덕에 울음을 들키지 않을 수 있어서 다행이야. 하염없이 흐르는 눈물을 마치 땀을 닦는 척 닦아냈어. 살다 보니 이렇게 공연장에서 엉엉 우는 날도 오는구나. 이렇게 땀을 뻘뻘 흘리며, 두 귀와 두 눈으로, 온몸으로 이 순간을 맞이하기 위해 여기에 왔구나.

그래서 이제는 말해주려고 해. 노래의 가사처럼, 너와 나 그동안 수고했다고 말이야.

자우림
《Goodbye, grief.》(2013)

스물다섯, 스물하나

TENDER

레코드페어에서 만나

2019년 11월 10일, H에게.

올해로 벌써 3년째 함께하는 레코드페어야. 매해 손꼽아 기다리는 우리들의 연례행사. 신기하게도 방문할 때마다 느끼는 감정이 달라져. 처음에는 충격 그 자체였고, 이번에는 사고 싶었던 음반을 많이 사 왔지. 너는 영화 〈저수지의 개들〉 OST와 데이비드 보위를, 나는 루 리드와 델러니어스 몽크를. 페어 구경을 마치고 나면 매번 홍대에 갔던 거 알아? 우리는 홍대를 아직도 좋아하나 봐. 지겨울 만큼 그렇게 자주 갔는데도.

　홍대에는 너와의 추억이 참 많아. 열일곱,

크리스마스 이브의 쏜애플 콘서트랑 이듬해 겨울에 봤던 아침 콘서트도 그렇고. 무표정한 사장님이 있는 조그마한 레코드 가게랑 바삭한 초코칩 쿠키를 팔던 카페도 이따금 생각나. 아, 수업을 마치고 교복 차림으로 홍대를 돌아다니다 아무 공연도 보지 못하고 터덜터덜 돌아온 날도 있었지. 그때는 어서 자라서 어른이 되기를 갈망했는데. 이제는 아득한 옛날이야기가 되어버렸어.

    올해도 물론 좋았지만, 첫 레코드페어를 잊을 순 없을 것 같아. 풀잎 냄새를 한 아름 머금은 초여름, 세상에 천국이 존재한다면 이런 광경이 아닐까 싶었어. 주머니는 가벼웠지만 오래된 음반들 사이를 유유자적 거니는 것만으로도 기뻤지. 이만 원도 되지 않는 맥 드마르코 카세트테이프를 손에 들고 한참을 망설이고, 천 원짜리 듀란 듀란 LP를 겨우 샀던 우리였지만 그래도 행복했던 것 같아.
    벤치에 앉아 나눈 대화 기억해? 지금 들으면 유치하다고 코웃음 칠 수도 있겠지만, 당시에는 제법 진지했더랬지. 어떻게 인생을 잘 살

수 있는지 고민했고, 누구보다 치열하게 꿈꿨어. 그때는 미처 몰랐지만 우리는 어느 때보다 찬란하게 빛나고 있었던 것 같아. 서툴고 어리숙해도, 마음만큼은 반짝이고 순수했던 그때.

세상은 그대로인데 우리가 달라진 걸까? 우리만큼이나 세상도 빠르게 변해버렸어. 한적했던 연남동은 예전 흔적을 찾을 수 없을 만큼 변해있고, 우습게도 크림빵 가게만이 원래 자리를 지키고 있었지. 한 번도 그곳을 그냥 지나친 적이 없었으니까, 오늘도 사이좋게 하나씩 들고 가게 앞에 앉아 우물거렸어. 이 빵을 먹으면 순간순간이 떠올라. 바이 바이 배드맨 공연을 보러 가기 전 먹었던 크림빵, 익선동에서 종로까지 걸으며 나누어 먹었던 크림빵…. 단순한 빵일 뿐인데 추억들이 켜켜이 녹아들어 있어.

지금 우리는 무엇을 그리워하는 걸까. 버스에서 너는 스물한 살이 제일 좋았었다고 말했지. 나도 마찬가지야. 분명히 그때도 힘겨운 나날들을 보냈던 것 같은데, 2년이 흐른 지금은 왜 그때가 그리운 걸까. 때 묻지 않은 어린 마음? 사소한 것에도 쉽게 들뜨던 아이 같은 모습들? 고등학생 때는 가진 게 없어도 충분했었지. 매점에서 산 아이스크림 하나로 해맑게 웃을 수 있던 시절. 나란히 턱을 괴고 복도 창문 앞에 기대어 저물어가는 노을을 바라보며 미래를 꿈꿨고, 서로의 MP3 플레이어를 구경하며 요즘 듣는 음악을 공유하는 게 낙이었는데.

그래도 우리는 그때보다 몇 뼘 더 성장했을 거라 믿어. 오늘 길을 걷다 우연히 들어간 카페도 참 근사했어. 유리창 너머로는 타닥타닥 가을비가 내리고, 우리는 라테와 핫초코를 손에 쥐고 오랫동안 이야기를 나눴지. 사람들의 두터워진 옷차림을 보니 겨울도 코앞으로 다가온 것 같더라.

언젠가 오늘 보낸 이 시간도 그리워하게 될지도 몰라. 그저 내가 바라는 건 우리가 이 계절의 끝에서 한 해를 잘 마무리할 수 있기를, 아프지 않고 건강한 몸과 마음으로 살아갈 수 있기를, 단지 그것뿐이야. 추위에 옷깃을 여미고 어깨를 웅크리게 되어도, 마음만큼은 여름의 빛깔처럼 푸르를 수 있기를.

갑자기 자우림의 〈스물다섯, 스물하나〉 노래가 생각난다. 우리 고등학생 때 그 노래 정말 좋아했잖아. 그런데 있잖아. 모든 게 달라졌어도, 그 노래만큼은 여전히 좋을 것만 같아.

Paul Desmond
《Bossa Antigua》(1965)

Bossa Antigua

TENDER

바나나 파운드가 식기 전에

오븐에서 갓 구워낸 따끈따끈한 바나나 파운드. 겉은 파삭하고 속은 보드랍다. 그 위에 올라간 바닐라 아이스크림이 열기에 조금씩 녹아내린다. 엘리베이터 없는, 오래된 을지로 건물 4층의 카페. 바닥에 깔린 두터운 와인색 카펫이 이 계절과도 잘 어울린다. 한쪽의 커다란 스피커에서는 폴 데즈먼드의 감미로운 색소폰 연주가 흘러나온다.

 기록하지 않으면 희미해지는 기억들. 언제부터 하루라도 집에 있으면 몸이 근질근질한 사람이 되었는지. 과거의 나로서는 상상하기 어려운 일이다. 용기 내어 새로운 사람들을 많이 만났던 한 해. 낯선 동네를 여행하듯 산책하는 새로운 취미도 생겼다. 더 이상 특별할 것도, 새로울 것도 없다고 생각했는데. 회사에 다닌 이후로 삶의 목표 같은 건 사라진 듯 회의적으로 굴었던 시기도 있었지만, 이제는 새롭게 도전하고 싶은 일도, 배워 보고 싶은 것도 많이 생겼다.

얼마 전, 친구가 건넨 편지에서 그녀는 내가 여느 때보다 편안해 보인다고 했다. 쉽게 무너뜨릴 수 없는 나만의 작고 평화로운 세계를, 좋아하는 것들로 천천히 채워나간다.

커피는 어느덧 식었다. 크리스마스 이브가 가만히 흘러간다.

Phoebe Bridgers
《Stranger In The Alps》(2017)

Motion Sickness

LIGHT

슬픔이여, 안녕

"언젠가부터 누나가 빛을 잃어버린 것 같아."
동생이 말했다. 일순간 동요하는 나의 표정을 동생도 눈치챘을 것이다. 어렴풋이 인지하고 있었으나 끝끝내 외면하고 싶었던 불편한 진실.

    이십 대 끝자락에서 지난 시간을 되돌아보았다. 단 한 번이라도 내가 진정으로 원하는 선택을 한 적이 있었는지. 두 가지는 확실히 단언할 수 있다. 독일어를 배우고 독일로 교환학생을 떠난 것, 글과 사진을 모아 십년지기 친구와 함께 독립 출판을 하고 책을 만든 것. 딱 그뿐이었다. 남들이 보기에 괜찮고 그럴듯해 보이는 것에 집착했다. 귓가에는 언제나 이런 목소리가 끊임없이 맴돌았다.

    경영학과 가야 해. 왜?
    사람을 많이 뽑으니까.
    경상 계열 복수전공 해야 해. 왜?
    그래야 취업이 잘 되니까.
    잡지 에디터는 하면 안돼. 왜?
    낮은 월급부터 시작해야 하니까.
    마케팅을 해야 해. 왜?
    적당히 재밌게 할 수 있는 일이니까.
    대기업을 가야 해. 왜?
    세상 사람들이 인정해 주니까.
    이직해야 해. 왜?
    그래야 연봉을 올릴 수 있으니까.

    문득 이 모든 선택이 내가 진정으로 원하는 것이었나 의문이 들었다. 실패가 두려워 늘 평탄한 길로만 걸었다. 삶 전부를 걸 만큼, 가진 걸 모조리 잃어도 괜찮을 만큼 도전한 적이 없었으니까. 어떻게 하면 더 잘할 수 있을지 열정적으로 고민하는 동료들을 보면 멋지다는 생각과 동시에 자꾸만 작아지는 기분을 지울 수 없었다. 굶어 죽지는 않았지만 행복한 것도 아니었다. 5년 뒤, 10년 뒤를 상상하면 전혀 기쁘지 않았다. 지금 핸들을 꺾지 않으면 영영 이렇게 살게 될 것이었다.

그럼에도 한순간도 글쓰기를 손에 놓은 적은 없었다. 중학생 때부터 지금까지, 매년 일기장과 작은 수첩들을 빼곡히 채웠고 2018년부터 지금까지 쉼 없이 에디터로 글을 썼다. 다들 어떻게 그럴 수 있냐며 놀랍다는 듯 물어도 그저 싱겁게 웃으며 그만큼 좋아해서요, 하고 대답할 뿐. 언제나 글을 쓰며 살고 싶었다. 글쓰기는 내 삶 전부를 다 바쳐도 아깝지 않을 유일한 존재였다.

어느 날, 방 청소를 하다가 초등학생 때 작성한 꼬깃꼬깃한 유인물을 발견했다. 어떤 사람이 되고 싶냐는 질문 칸 옆에는 삐뚤빼뚤한 글씨로 '자유로운 사람'이라고 적혀 있다. 자유가 정확히 무엇인지 알지 못하던 때에도 나는 자유를 꿈꾸고 있었다.

⟨Motion Sickness⟩. 한때 그가 출근길에 자주 들었다며 알려주었던 곡을 다시 듣는다. 목

적지 없이 달려가는, 창문도 열지 못해 현기증이 일던 차에서 이제는 내려야 할 때다. 마케팅 일은 그만두었고, 나만큼이나 음악을 좋아하던 그도 내 곁에 없다. 곧 새로운 회사에서는 그토록 바라오고 꿈꿔왔던 글을 쓰는 직무로 출근을 앞두고 있다.

곧 서른이 된다. 더는 슬프지 않다.

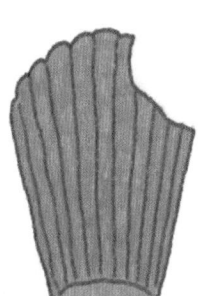

Nineteen Songs
and Memories of Youth

Proust Melody

프루스트 멜로디:
열아홉 곡의 음악과 청춘의 조각들

Proust Melody:
Nineteen Songs and Memories of Youth

초판 1쇄 발행	2025년 10월 17일

글	서하
그림	누딸해
편집	알레스굿
디자인	알레스굿

펴낸곳	알레스굿
출판등록	제 2025-000180 호

알레스굿 Alles gut!
전자우편 allesgut.zip@gmail.com
인스타그램 @allesgut.zip

© 알레스굿, 2025
ISBN 979-11-994944-7-3(03810)

이 책의 저작권은 알레스굿에게 있습니다.
이 책에 실린 글과 그림은 저작권법에 따라
무단 전제 및 복제를 금합니다.